Dieses Buch gehört

Qualität von Oetinger

Büchersterne

Liebe Eltern,

Lesenlernen ist eine Meisterleistung. Es gelingt nur Schritt für Schritt. Unsere Erstlesebücher in drei Lesestufen unterstützen Ihr Kind dabei optimal. In den Büchern für die 1. Klasse erleichtert eine große Fibelschrift das Lesen, und der hohe Bildanteil hilft, das Gelesene zu verstehen. Mit beliebten Kinderbuchfiguren von bekannten Autorinnen und Autoren macht das Lesenlernen Spaß. 16 Seiten Leserätsel im Buch laden zu einer spielerischen Auseinandersetzung mit dem Text ein.
So werden aus Leseanfängern Leseprofis!

Manfred Wespel

Prof. Dr. Manfred Wespel

PS: Weitere Übungen, Rätsel und Spiele gibt es auf www.LunaLeseprofi.de. Den Schlüssel zu Lunas Welt finden Sie auf Seite 55.

Büchersterne – damit das Lesenlernen Spaß macht!

www.buechersterne.de

Mit Büchersterne-Rätselwelt

Dagmar Chidolue

Millie macht Theater

Bilder von
Gitte Spee

Verlag Friedrich Oetinger · Hamburg

Inhalt

1. Ein Märchen?

Da hat Frau Heimchen sich
ja was Schönes ausgedacht!

Millies Klasse soll
ein Theater-Stück aufführen.
Ach, du Schreck!
Aber dann hätte Millie
schon gerne eine Hauptrolle!

„Am besten spielt ihr
ein Märchen, das alle kennen“,
meint die Lehrerin.

„Vielleicht … *Sterntaler*?“,
schlägt Kucki vor.

„Bist du bescheuert?“,
faucht Millie ihre Freundin an.
„Soll ich am Schluss etwa
nur im Nachthemd dastehen?“

„Nee!“, ruft Mario. „Ganz nackig!“
Oh, ist der doof!
Millie zeigt ihm einen Vogel.

„Oder *Rotkäppchen*?“, fragt Millie.
Niemand möchte jedoch
den Wolf spielen.

Auch nicht Mario.
„Der ist so hässlich“, sagt er.

Die Kinder gehen jetzt
alle möglichen Märchen durch.

Dornröschen? Rapunzel?
Die Bremer Stadt-Musikanten?
Nö!

Was ist mit dem *Froschkönig*?
„Quak, quak“, sagt Mario.
Er macht ein Kuss-Mäulchen
und hüpft im Klassenzimmer herum.
Findet er das lustig?

„Was haltet ihr denn
von *Schneewittchen*?“,
will die Lehrerin nun wissen.

„Die Jungs könnten gut
die Zwerge sein.
Und alle Mädchen
sind am Schluss
beim großen Fest dabei.“

„Mit Seiden-Kleidern?“, fragt Millie.
„Natürlich“, sagt Frau Heimchen.
Mario meldet sich freiwillig:
„Und ich bin der Prinz.“

Aber Millie ist Schneewittchen!
Muss Mario sie dann küssen?
Iiiiiih!

2. Tausendmal schöner

Schon am Nachmittag wird
in der Turnhalle geprobt.

Als Prinzessin muss Millie
richtig schreiten können.
Sie übt auf dem Schwebe-Balken.

Gar nicht so einfach!
Plumps, plumps, plumps.

Die Zwerge stellen sich dumm an.
Sie kullern auf den Matten herum
und schlagen Purzelbäume.

Und einige spielen plötzlich
Esel, Hund und Hahn.

Die Jungs werden noch
das ganze Stück vermasseln!

Frau Heimchen zeigt ihnen
eine große Kiste mit Kostümen.

Da gibt's genügend Zipfel-Mützen
für die sieben Zwerge.

Kucki ist die böse Stiefmutter.
Für sie ist leider kein Kleid da,
nur ein Kostüm.
„Mist!", sagt Kucki.

Millie tröstet ihre Freundin:
„Die Königin ist ja trotzdem
die Schönste im Land.“

„Aber Schneewittchen …“,
beginnt Kucki unsicher.

„Die ist tausendmal schöner“,
sagt Millie.
Das ist nun mal so!

Mama näht Millie
ein wunderschönes Kleid.
Und Papa bastelt ihr eine Krone.

„Aus echtem Gold, Papa?“

„Und mit Diamanten“,
verspricht er.
Oh! Ob das aber auch stimmt?

3. Auweia!

Nun ist der große Tag da.
Die Aula in der Schule
ist pickepackevoll!
Auweia!

Das Herz klopft Millie
schon bis zum Hals hinauf.
Rabumm, rabumm.

Ob Millie Mama und Papa
im Saal entdecken kann?

Sie linst durch ein kleines Loch
im blauen Bühnen-Vorhang.
Oh ja! Da sitzen die Eltern!

Und Millies kleine Schwester
guckt auch schon ganz gespannt.
Auch das noch!

Hinter dem Vorhang
wird geschubst und gedrängelt.

Vorsicht!
Das Schneewittchen-Kleid!

Frau Heimchen mahnt:
„Gebt doch mal Ruhe!“

Der ganze Hofstaat wartet nun
in Reih und Glied
auf den Einsatz.

Vorhang auf!
Sind sie jetzt dran?

Nein.
Erst trägt Danny ein Gedicht
über Zwerge vor.

Mario macht dabei
hinter der Bühne Faxen.

Darüber muss Millie lachen.
Das tut gut!

Da rutscht die ganze Aufregung
mit einem Mal weg.
Futschikato!

Vorhang zu!

„Jetzt seid ihr an der Reihe“,
sagt Frau Heimchen.
„Toi, toi, toi!“

Sie spuckt allen Kindern
über die linke Schulter.
Na, nicht in echt!

4. Die Zwergen-Wohnung

Vorhang auf!

Kucki marschiert auf die Bühne.
Da steht schon der Spiegel,
in dem die Königin sich
jeden Tag beguckt.

„Spieglein, Spieglein
an der Wand …“, beginnt Kucki.

Gleich soll Millie auftreten.
Hoffentlich stolpert sie
jetzt nicht über das Kleid.
Doch!
Huch!

Hinter der Bühne
schnappt Frau Heimchen
vor Schreck nach Luft.

Aber keiner sonst hat was gemerkt!
Millie war noch
hinter den sieben Bergen.

Endlich heißt es:
„Aber Schneewittchen ist
noch tausendmal schöner als Ihr!"

Jawohl!
Nun darf Millie erscheinen.
In ihrem Prachtkleid!

Ah! In der Zwergen-Wohnung
ist alles da: Tisch, Teller, Becher
und sogar ein Bettchen.

Millie setzt sich
auf einen kleinen Hocker.
Ratsch!,
macht eine Naht vom Kleid.

Die Leute im Publikum lachen.
Zu blöd!

Millie isst von dem Tellerchen
und trinkt aus dem Becherchen.
Na ja, sie tut nur so!

Nun legt sie sich
in das Bettchen.
Ein bisschen kurz, was?

Millie wartet auf die Zwerge.
Das dauert aber lange!
Hach!

Jetzt muss sie sich mal
an der Nase kratzen.

Schon wieder lachen die Leute.
Manno, man darf sich
doch mal kratzen!

Wo bleiben die Zwerge?
Da kommen sie.

Auch Mario trägt eine Zipfel-Mütze.
Ist wohl doch kein Prinz.

„Wer hat aus meinem
Becherchen getrunken?",
fragt er.

„Ich!“, ruft Millie.
Die Zwerge schauen entsetzt.

Millie räuspert sich und sagt:
„Und ich habe auch
von dem Tellerchen gegessen.“
Ist doch wahr!

Da wissen die Zwerge nicht,
was sie sagen sollen.

5. Applaus

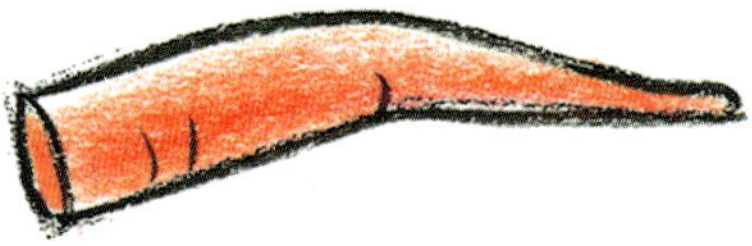

Aber Mario weiß plötzlich weiter.
Er wirft die Zipfel-Mütze runter
und sagt:
„Königstochter,
was jammerst du denn so?“

Aha! Millie weiß Bescheid.
„Ach! Meine goldene Kugel
ist weg!“, ruft sie.
„Ich gebe dir dafür,
was du willst.
Nur nicht das Prinzessinnen-Kleid!“

„Kannst du behalten“, sagt Mario.
Er hüpft zu ihr herüber.

Wie ein Frosch!
„Ich will nur
von deinem Tellerchen essen …“

Was? Sind sie jetzt etwa
in das Märchen vom *Froschkönig*
gerutscht?

Und wieder lachen
die Leute unten im Saal.
Sie freuen sich wohl,
dass die Geschichte weitergeht.
Aber wie?

Hilfe! Millie schaut sich
nach Frau Heimchen um.

Die Lehrerin macht
eine beruhigende Bewegung.
Na prima!

Eigentlich könnte mal
ein Prinz kommen,
denkt Millie.
In jedem Märchen
kommt ein Prinz vor.

Plötzlich sind sogar
zwei Prinzen da.

„Königstochter, mach mir auf!“, ruft Mario.

Und Danny sagt:
„Ich will dich wach küssen,
Dornröschen.
Äh … Schneewittchen!“

Bloß nicht! Wehe!

Jetzt kommt Frau Heimchen
auf die Bühne und sagt:
„Nun ja, die Kinder haben sich
dieses Theater-Stück
selber einfallen lassen.“

Da klatschen die Leute
wie verrückt.
Hören die gar nicht mehr auf?
Millie hat Durst!

Sie geht einen Schritt vor
und zeigt in den Saal.
„Da läuft eine Maus!“,
ruft sie.
„Und jetzt ist das Märchen aus!“

Applaus. Applaus.

Willkommen in der Büchersterne Rätselwelt

Komm
auch in meine
Lesewelt im Internet.

www.LunaLeseprofi.de

Dort gibt es noch mehr
spannende Spiele
und Rätsel!

Hallo,
ich bin Luna Leseprofi und ein echter Rätselfan!
Zusammen mit den kleinen Büchersternen habe ich mir tolle Rätsel und spannende Spiele für dich ausgedacht.

Viel Spaß dabei wünscht

Luna Leseprofi

Lösungen auf Seite 56–57

Bild-
salat

Kannst du die Bilder den richtigen Sätzen zuordnen?

Millie **stolpert** über das Kleid.

Mario trägt eine **Zipfel-Mütze**.

Nun legt sie sich in das **Bettchen**.

Da sitzen Millies **Eltern**.

1

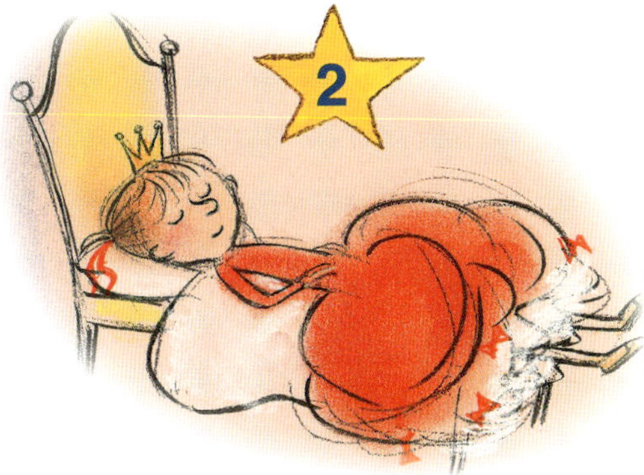
2

3

4

Wer bin ich?

Kennst du meinen Namen? Schreibe ihn auf!

___ ___ ___ ___ ___

FRAU

___ ___ ___ ___ ___ ___ ___ ___

___ ___ ___ ___ ___

Millie hätte gern eine ...

- ☐ Garnrolle.
- ☐ Hauptrolle.
- ☐ Zitronenrolle.

Die Zwerge schlagen ...

- ☐ Puzzlestücke.
- ☐ Purzelbüsche.
- ☐ Purzelbäume.

Hinter dem Vorhang wird ...

- ☐ gequengelt.
- ☐ gedrängelt.

Welches Wort ist richtig? Kreuze es an.

Lustiges Quiz

Spieglein, Spieglein

Kannst du die Spiegelschrift erkennen?

Schneewittchen

Schwebe-Balken

Zipfel-Mütze

Krone

Mein Tipp:

Nimm einen Spiegel zu Hilfe!

Buchstaben-Mix

Theater fängt mit „T“ an. Wie oft kannst du den Buchstaben finden?

T F L H

F T E T

M R L

T L

Wie oft findest du ein Bild von Mario?

Wie viele Schulsachen liegen auf Millies Tisch?

Wie viele Prinzen sind plötzlich da?

Auf welcher Seite findest du dieses Bild?

Findest du die gesuchten Zahlen?

Zahlen-Rätsel

Lese-
Logik

Satz für Satz kannst du eine Figur wegstreichen. Welche bleibt übrig?

- Ich trage kein gelbes T-Shirt.
- Ich stehe nicht ganz links.
- Mein Pulli ist nicht kariert.
- Ich habe keine lockigen Haare.
- Ich stehe in der vorderen Reihe.

Ich bin: ______________________

Welchen Weg hüpft Mario?

Woll-Wirrwarr

Würfel-spiel

Spiel für zwei! Wer von euch kommt zuerst zum siebten Zwerg?

Ihr braucht:

- 1 Würfel
- 2 Spielfiguren
- 7 Kieselsteine

Würfelt abwechselnd! Kommt ihr auf ein ZWERGEN-FELD? Dann legt unten einen Kiesel ab. Der siebte Kiesel gewinnt!

Luna Leseprofi

Finde das Lösungswort und komm in Lunas Lesewelt im Internet!

						K	
	V		K	L	E		D
	O					S	
P		I	N	Z		T	
	H					E	
	A			W			
	N		H		H	N	
	G			N			
				D			

Lunas Rätselwelt

Luna Leseprofi

	Ä	R	C	H	E	N	
A							
M				W			
A		F	R		S	C	H
				L			
				F			

LÖSUNGSWORT:

Mit dem LÖSUNGSWORT gelangst du in meine Lesewelt im Internet:
www.LunaLeseprofi.de
Dort warten noch mehr spannende Spiele und Rätsel auf dich!

Rätsel-Lösungen

Alle Rätsel gelöst? Hier findest du die richtigen Antworten.

Seite 49 · Zahlen-Rätsel

Mario ist auf 8 Seiten zu sehen.

Auf Millies Tisch liegen 7 Dinge.

Es sind plötzlich 2 Prinzen da.

Das Bild findest du auf Seite 19.

Seite 50 · Lese-Logik

Mario

Seite 51 · Woll-Wirrwarr

C

Seite 54-55 · Luna Leseprofi

Gib dein Lösungswort im Internet unter **www.LunaLeseprofi.de** ein. Wenn sich eine Lesemission öffnet, hast du das Rätsel richtig gelöst.

Büchersterne-Rätselwelt

Seite 42-43 · Bildsalat

Millie **stolpert** über das Kleid. = Bild 4

Mario trägt eine **Zipfel-Mütze**. = Bild 1

Nun legt sie sich in das **Bettchen**. = Bild 2

Da sitzen Millies **Eltern**. = Bild 3

Seite 44 · Wer bin ich?

Kucki, Frau Heimchen, Danny

Seite 45 · Lustiges Quiz

Hauptrolle, Purzelbäume, gedrängelt

Seite 46-47 · Spieglein, Spieglein

Schneewittchen, Schwebe-Balken,
Zipfel-Mütze, Krone

Seite 48 · Buchstaben-Mix

Das „T“ kommt viermal vor.

1. Klasse

Schulspaß und mehr fürs erste Lesen

Paul Maar
Das Schul-ABC
ISBN 978-3-7891-1253-9

Dagmar Chidolue
Millie und die verrückte Schulstunde
ISBN 978-3-7891-1263-8

Marliese Arold
Die Pony-Schule. Picknick mit Pony
ISBN 978-3-7891-0749-8

Dagmar Geisler
Gespenster gehen auch zur Schule
ISBN 978-3-7891-2350-4

Oetinger

Mit Lesespielen im Internet. Lesepatenmodell für Lehrer und Eltern.
www.LunaLeseprofi.de und **www.oetinger.de**

Lesespaß für Leseanfänger

Ponys und Olchi-Abenteuer

Susanne Lütje
Robin und das Dingsda. Alarm im Klassenzimmer
ISBN 978-3-7891-1258-4

Ursel Scheffler
Paula macht Ferien am Meer
ISBN 978-3-7891-2327-6

Erhard Dietl
Die stärksten Olchis der Welt
ISBN 978-3-7891-2326-9

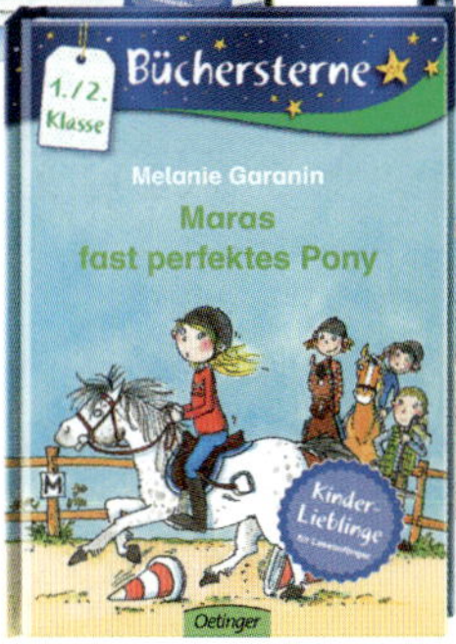

Melanie Garanin
Maras fast perfektes Pony
ISBN 978-3-7891-2348-1

Oetinger

Mit Lesespielen im Internet. Lesepatenmodell für Lehrer und Eltern.
www.LunaLeseprofi.de und **www.oetinger.de**

Das didaktische Konzept zu **Büchersterne**
wurde mit Prof. Dr. Manfred Wespel, Pädagogische Hochschule Schwäbisch Gmünd, entwickelt.

Minus 52% CO_2

Beim Druck dieses Produkts wurde durch den innovativen Einsatz der Kraft-Wärme-Kopplung im Vergleich zum herkömmlichen Energieeinsatz bis zu 52% weniger CO_2 emittiert.

FSC www.fsc.org
MIX
Papier aus verantwortungsvollen Quellen
FSC® C011124

Titelbild und farbige Illustrationen von Gitte Spee
Einband- und Reihengestaltung von Manuela Gerdes,
unter Verwendung der Sternvignetten von Heike Vogel
Reproduktion: Domino Medienservice GmbH, Lübeck
Druck und Bindung: Mohn Media GmbH, Gütersloh
Printed 2013
ISBN 978-3-7891-2333-7

www.oetinger.de
www.buechersterne.de